남천2동 주민자치센터 앞

정성환 시집

시인동네 시인선 206   정성환 시집

남천2동 주민자치센터 앞

시인동네

시인의 말

오늘도
하얀 종이 위에 쪼그려 앉아서
당신의 눈빛을 베긴다.

2023년 6월
정성환

차례

시인의 말

제1부

자전 · 13

금동 모과상(木瓜像) · 14

나를 위한 기도 · 16

아이스 아메리카노 · 18

노동의 경전 · 19

시를 읽었다 · 20

시래기 다발 · 22

심장이 뛰는 이유 · 24

밑줄 · 25

꽃들의 세계 · 26

나침반 · 28

책갈피 · 30

돌탑 · 32

상실의 기술 · 33

부끄러움에 대하여 · 34

너를 위한 기도 · 36

제2부

남천2동 주민자치센터 앞 · 39

사람이 따뜻한 이유 · 40

봄 · 42

아내는 해녀 · 44

정년퇴직 · 45

사랑을 이겨내는 일 · 46

꿈 · 48

사월 이맘때 · 50

화양연화 · 51

배교 · 52

사랑 설명서 · 54

마음을 사용하다 · 55

벚꽃엔딩 · 56

당신을 기다립니다 · 58

꽃과 돈 · 60

제3부

가을 저녁의 시(詩) · 63

어떤 하루 · 64

상처도 꽃이 된다 · 65

하루만 산다면 · 66

그림자 · 69

꼭 그만큼 · 70

언제나 처음처럼 · 72

추분(秋分) · 73

누구나 살아나는 자리 · 74

뻔한 거짓말 · 76

플랜 B · 77

슬픔의 총량 · 78

쉬운 사람 · 80

스팸 문자 · 81

보이저호(號) · 82

제4부

시련이 힘이다 · 85

2월 진화론 · 86

비보호 좌회전 · 87

영도다리가 되고 싶었다 · 88

뭐가 그리 대수냐 · 90

불의 꽃 · 91

나물 털털이를 먹다가 · 92

제자리걸음 · 94

섬 · 95

황혼의 로맨스 · 96

동백 꽃말 · 98

그랬으면 좋겠다 · 100

여름 꽃밭 · 101

해몽 · 102

사랑한다는 것 · 103

입 · 104

해설 가난한 기다림의 시학 · 105
우대식(시인)

제1부

자전

낮과 밤은 내가 미쳐서 생기는 것이라더군

당신 쪽 향하고 있을 때 비로소 낮 되고

당신 반대편에 있을 때 깜깜한 밤 되는 것이라는데

자꾸만 자꾸만 당신 환하게 떠올랐다는 것은

하늘 가리는 어둠 깊어도 그대 향해 뒤척이며

밤새 자전하고 있었다는 것

그리움 멈추지 않았다는 것

내가 당신에게 미쳐서

밤낮으로 돌고 돌았던 것이라더군

금동 모과상(木瓜像)

서투른 모과 향 펄펄 끓어오를 때 몰랐다
누군가 오래오래 바라보며 살아가는 거

모과나무 움터오는 숨소리에 온몸 가려울 때도 몰랐다
나 토해내고 너 받아내는 거

한 획으로 떨어져도 쪼개지지 않는 모과 보고도 알지 못했다
하루 종일 흐트러지지 않게 너 생각하는 거

반가(半跏)한 자세로 꿈쩍없이 풀밭에 앉아 있는 금동 모과상

어쩌면 모과는 생을 건너갈 때
빼꼭한 잎 일심일심(一心一心) 세면서
삐뚤빼뚤 금강경 한 구절이라도 새기고 있었는지 몰라

가장 낮은 곳으로 내려가기 위해
일보일배(一步一拜)의 순례길 걸어온 금동 모과상

머리부터 발끝까지 금빛으로 타들어 가는 것쯤
끝이 아니어서 두려워하지 않을 수 있었겠다

나를 위한 기도

하느님, 살다가 뜻대로 일 풀리지 않거든
싹트는 봄 초록에서 어둠 속 기다렸던 시간 보게 하시고

무모한 욕심 고개 들거든
소금 빛과 같은 가난한 자에게서 몸으로 움직이는 참된 노동 알게 하시고

고뇌하는 내 가슴만이 옳다고 믿는다면
욕망이 지배하는 위선에서 깨어나 부끄럽게 하시고

사람에게 상처받아 용서가 어렵거든
사랑 없이 하는 일 아무 의미 없기에 사랑하는 일만은 놓지 않게 하시고

짊어진 짐 버거워 외면하고 싶거든
내 가족만이 아닌 이웃과 나눌 수 있는 기쁨 마르지 않게 하시고

숱하게 넘어져 일어나지 못하거든
말뿐인 사람의 연약한 위대함보다 삶에서 행동할 수 있는 용기 주시고

나이 먹어 눈 어두워지거든
눈에 보이지 않는 소중한 것 헤아릴 수 있는 분별력 허락하소서

그리하여 좋은 일도 있었으니 잠시 스쳐가는 길 마지막까지
내 힘들었던 시간에 감사하게 하소서

아이스 아메리카노

뜨거워지는 것 두려워도
미지근해지는 건 더 두렵다

식은 커피 시키신 분 없고
식은 사랑 목매는 사람 없다

아이스아메리카노와 식은 커피는 서로 다른 세계

미지근한 사랑은 미지근하게 죽고
뜨거운 사랑은 차갑게 죽는다

미처 붙잡지 못한 말
전하지 못한 말

만질수록 작아지는 얼음 같은데
조금이라도 더 오래 곁에 두려고

얼음에 절인 쓴맛 견디는 것은 나의 시작이자 끝

노동의 경전

꽃댕강나무 흰꽃나도샤프란 큰금계국
꽃 이름 세 개 겨우 외워내니
바닷가 여름이 간다
참, 예쁘다는 말 기다리다 여름 보낸 것 같지만
꽃잎은 꽃들의 눈물일 수 있다
밤바다 파도 소리 뜬눈으로 모으고
여름 땡볕 받으며 꽃 몸살로
통증의 꽃잎 장만했을 게다
웃는 얼굴로 슬픈 노래 부르는 격이지
그래서 한 그루 꽃나무는 노동의 경전인 거야
남은 꽃잎은 세지 마
상처는 헤아리는 것이 아니라
함께 흔들리며 체온을 맞춰가는 일
정류소 앞에 잠든 꽃들 당신에게 줄게
온몸으로 쓴 선연한 문장
천천히 읽어봐

시를 읽었다

꽃 지면
온통 서러운데
누군들 알고 울겠느냐

몰라 놓치는 것 많지만
너무 많이 알아
잃는 것도 많았다

그리운 사람으로
자꾸만 꾸는 꿈들 모아

갈 곳 잃은 것들 손잡아주는
아름다운 좌우명 하나
지니고 싶었다

꽃이 지면 꽃만 슬프랴*

명치끝에 걸어 두고

녹스는 마음
짤랑짤랑 울리고 싶었다

---
*동길산 시인의 시집 제목.

시래기 다발

겨울 여문 속 풀어헤치는

흙벽 시래기 다발 소리 바닥에 떨어져도

묵정밭 어릴 적 꿈 깨뜨리지 않았다

바스스 바람 맞더라도

푸르른 무청의 꿈 부서지지 않도록

손 맞잡고 서로 엮으며

나지막이 이 땅에 은총 고백하는 중

바람 앞질러 내달리는 종소리마냥

서두르지 않으며

고스란히 속 비우고

앙상한 겨울빛 제 몸에 바르고 발라

유장한 한 생 재우고 있다

심장이 뛰는 이유

낭떠러지 같은 등 보이며
쉽게 돌아서지 말고
함께 울어 주라고

넘어져 울거든 일으켜 세워
눈물 닦아 주라고

세상이 메말라도
차가운 사람 되지 말고
뜨겁게 손 내밀라고

두근두근 등불을 켜고
서로를 밝히라고
심장이 뛰고 있는 겁니다

밑줄

어쩌다 예전 책 뒤적이다
밑줄 친 부분 보면
아무도 찾지 않는 빈 우물 속에
홀로 남겨졌던 가련한 내가 생각난다
위로의 말 건네는 낱말들 모아
꼬깃꼬깃 엮어 만든 동아줄 타고
그 깊은 우물 밑바닥에서 기어올라 왔을 것이다
얼마 전 오래된 수첩 정리하면서
연락처에 남겨진 이름 보았다
하물며 밑줄 친 것이 사람 이름인데
그때 얼마나 큰 힘 되었겠는가
아름다운 이름 하나 끌어안고 있으면
내가 다시 가난해져
사는 일이 정말 따스해진다

꽃들의 세계

예전엔 사람들 이름 저장했지만
지금 휴대폰엔 온통 꽃밭이다

철들수록 가슴에 한 송이 꽃이라도
피우고 싶어서
꽃 이름 마음에 자주 심는다

사람들은 힘 있는 자 올려다보지만
꽃들은 모든 사람 우러러본다
낮은 곳에서도 아름다울 수 있는데
나는 한참 멀었다

관심으로부터 조금씩 멀어져도
꽃들의 세계는 의연하다

끝이란 서두르지 않아도
저절로 온다는 것쯤 알고 있다

너는 어디에서 오는 것인지
나는 어디로 가는 것인지

눈으로 만져지는 정겨운 이름들과
허리 숙여 통성명 중이다
처음 뵙겠습니다

나침반

지천명을 넘어서야
조금씩 알게 되는 것들이 있다

반짝반짝 큰 별에 가려
잘 보이지도 않는 나를 멀리서도
단박에 찾아내는 사람이 부모라는 걸 알게 된다

부모도 길 잃지 않기 위해
매일매일 흔들리며 극과 극을
살았다는 걸 알게 된다

밀려갔다 밀려오더라도
그 자리 버티고 서 있어야
자식 입에 밥 들어간다는 걸 알게 된다

자식만은 상처 하나 없이
깨끗한 희망으로 키우고 싶었다는 걸 알게 된다

지긋지긋한 자식이 그래도
유일한 삶의 방향이었다는 걸 알게 된다

마음이 아플수록 알게 되는 것들이 있다

책갈피

처음으로 돌아갈 수 없다면

어디서부터 다시 시작해야 할까

잠시 마음 접어 두었던 곳

여기서 멈춘다는 한계의 표시가 아니라

다시 돌아오겠다는 각오이자 결심

힘껏 움켜쥐고 있는 곳

아직 살아보지 못한 시간의 틈새에서

고요히 머물며 기다리는 곳

어둠의 골짜기에서도 가느다란 희망 안고

뜨겁게 긍정하고 있는 곳

거기서부터 새로운 날들이 또 온다

돌탑

나는 길가의 작은 돌멩이였다
던지면 분노였고
쌓으면 하늘에 닿는 길 되었다

먼 길 이정표 하나로
오래된 기다림의 언덕으로
마음 다지는 누름돌의 힘으로
어머니 합장 기도로
저마다 올려놓은 눈부신 꿈 하나로

나를 바로 세워준 사람에게
작은 힘 되고 싶었다

상실의 기술

팔월의 유일한 결말이 구월이라도
누군가의 팔월이 되었다 돌아가는 팔월의 등을 봅니다
추억은 얼마나 구체적이던가요
민어회 떠주던 광안리 횟집에서 술 취해 사랑한다던 말
여름밤 덩굴지던 능소화의 환한 미소
밑줄 치듯 손가락 가리키며 읽어주던 시 한 줄
깊어갈수록 더 외로워진다는 고백
하나씩 온 길 되짚어 어디로 돌아갈까요
뜨거운 맹세도
헤어짐도 없이 어찌 구월이 올까요

부끄러움에 대하여

기다리는 사람 있는 한

첫눈은 언제나 설렌다

언제 멈출 것인가

홀로 아득히 먼 길 걸어와

기진해 누워 있는 마음들

서로 뭉치어 눈꽃으로 피어난다

식어버리면 누구나 타인이 되고 마는데

모든 것 끝나도

더 깊어지는 마음 있다

너를 미워했던

시시한 생각들이 아무는 밤이다

너를 위한 기도

하느님의 계획이었을까
평생 충분히 아픈 것이 자식이다

새벽마다 남천성당
수척한 십자가 아래 엎드렸다
그러나 못 자국 선명한 예수님 발끝 아래에서
마주하는 어떤 슬픔도 부족했다

여인 중 가장 복되신 분
성모 마리아는 큰 고통 속에서도
절망을 끝내 키우지 않으셨다

울음도 원래 기도였다

제2부

남천2동 주민자치센터 앞

사람 마음처럼 나무도 걸어서 천릿길 갑니다
서귀포 표선면 녹산로 눈부신 벚나무도
춘삼월에 닷새를 걸어
부산 남천2동 주민자치센터 앞*까지 오는 걸 봅니다
봄은 짧아도 인연은 길어
비워도 비워도
버릴 수 없는 꽃 같은 사람이 있습니다
서둘러 피었다가 쉽게 가버리더라도
나무가 품고 있는 꽃이
그대 다시 불러오니
불 꺼진 마음에 모처럼 불을 켭니다
나무에서 나무까지
제주에서 물고 온 별들 걸어두면
사람에게 버림받은 사람들이 모여
다 지나갈 거라고
흐드러진 향기로 상처를 씻습니다

―――――
*기상청의 벚꽃 군락지 부산 관측 장소. 남천2동 주민자치센터 앞 벚나무 5그루가 부산 개화의 기준이 된다. 기준목의 한 가지에 세 송이 이상 꽃이 피었을 때를 개화로 본다.

사람이 따뜻한 이유

떨리는 겨울바람마저도
따뜻한 입김 되어 언 손 녹여주듯

아무리 차가운 것도
사람의 몸속 들어갔다 나오면
다 따뜻해진다

하물며 사람의 맘속
들어갔다 나왔다면 얼마나 더 뜨거워지겠는가

이미 용서했다는 말
벌써 잊었다는 말

아프게 아프게
심장에서 데워진 말들은 오래 뜨겁다

매일 용서한다는 말
매일 잊는다는 말

밖에서 꽁꽁 얼지 않도록
밖에서 서성이지 않게 꼭 안아주라고
따뜻한 것이다

봄

겨울이 물려준 것이라고는 당신 이름뿐이지만

기억의 강가에서 푸르렀던 당신 다시 기다리는 일

새 떼처럼 몰려들었던 꿈들

두려움과 부끄러움 없이 여전히 간직하는 일

초록을 상상하는 일

가련한 이도 꽃피게 하는 일

내 마음 깊은 곳에서 한 마리 새가 하늘로 날아가는 일

나 자신 하나도 남김없이 모두 소모하는 일

결국 우리에게 모르는 사건이 벌어지고 있다는 것을 인정하는 일

봄 오기 전에 하나씩 준비할 일들이다

아내는 해녀

깊은 밤 꿈속에서 무엇 캐는지
차오르는 숨
휴우우
꿈 밖으로 숨비소리 내뿜는 아내
밤마다 해녀가 된다

아직도 어린잎들 주렁주렁
매달려 있어
입술 푸르도록 숨 참느라
물 위로 떠오르지 않을까
걱정이다

뒤웅박 팔자 띄워놓고
억척스런 자맥질마다 막혔던 숨
한꺼번에 몰아쉬며
늦도록 푸른 바닷길
건너고 있다

정년퇴직

혈기왕성할 때는 차마 생각도 못했는데
나이 지긋해지니 자리 지키기 급급하다
큰딸 결혼할 때까지만
작은 녀석 졸업 때까지만
집착은 불길한 꿈 안고 불어오는
타클라마칸 사막의 모래바람 같은 것인데
사람들은 내가 순한 바람 되었다고 한다
타협은 자연스러운 일이라 해도
가끔 자리 버티고 있다 보면
내가 의자의 그림자 된 것 같다
속 훤히 비치는 내 가여운 영혼은
그림자에 기대어 앙버티고 있는데
진짜 나는 어디로 갔나
그림자로 사는 데는 외로움이 필수다

사랑을 이겨내는 일

당신 마음
하나 둘 하나 둘
헤아리는 밤
잠은 오지 않는다

그대가 풀어놓은 양들을 세며
기다리는데
잠이 끝내 오지 않았다

별빛 지쳐갈수록 그리운 체온
나는 양들을 그저
깊이 안아주었다

가슴속에
누군가 집 짓고 살다가
스르륵 허물어버리면

사람은 가고

양 떼만 수북이 쌓이는데

양 한 마리 양 두 마리 양 세 마리
빈방에 남겨진 양들을 따라
나는 깊은 밤을 넘는다

꿈

해운대 폭포사 길목에 핀 겹벚꽃
이번 생은 더 환하다

꽃 피면 아주 피나
꽃 지면 영영 가나

그래서 꽃잎 떨어져도
나무가 죽어간다고 말하지 않잖아

전생 하나 없는 나무
세상 어디 있을까

왔다가 가고 갔다가 다시 오는
사람도 그래

낡은 나무로 한참 꿈꾸다가
꽃 같은 아이로도 깨어날 수 있잖아

지금 꿈꾸는 저 꽃도
내 일생이었을지도 몰라

사월 이맘때

어쩌면 잊힐까
길가 서성이는 벚꽃들 정기 구독하는 사월마다
쓰다 지우다 쓰다 지우다
하찮아지는 나는
사운거리며 떨어지는 꽃잎으로 엽서를 쓴다

"꿈을 꾸었습니다"

헤어짐으로 사랑이 완성되듯
꽃잎 다 떨어져야 마무리되는 벚꽃의 봄날
수식어는 모두 죽고 비명 같은 문장 하나 남아도
이맘때 한 번씩 생각나는 사람이어도 좋겠다
사람을 사랑하던 사월은
아무래도 증오가 없는 달이다
그러니 아무도 버림받지 않은 날들이리라

화양연화

강의실 창문 가득 채운 벚꽃을 본다

봄날 그 어떤 강의도

꽃보다 아름답지도

논리적이지도 못하다

눈물로 핀 그리움이라거나

설레는 맹세라고 가르칠 필요도 없다

그저 너를 사랑해서

내가 찬란했던 것이다

배고

한때 마음의 힘보다
몸무게의 2퍼센트에 불과한
머리의 힘
신봉했었다

그 2퍼센트가 전부
지배하는 것 같았다

마음 같은 건 아파도
되는 줄 알았다

사람이 아파 보면
머리의 힘보다
따뜻하게 품어주는 힘이
몸이든 세상이든
살린다는 걸 안다

나 이제

2퍼센트의 신앙 버리고
가만가만 울음 들어주는
마음 더 믿는다

상처 난 사람들
버린 적 없는
마음씨 믿고 받들기로 했다

사랑 설명서

죽었다가도 다시 살아나는 여러해살이다
인기척만 있으면 아무리 추워도 얼어 죽지 않는다
좋을 때나 궂을 때나 가장 먼저 떠오르는 것이다
자주 손잡아줘야 구김 없이 잘 자란다
외로움에 취약하니 늘 가까이에 두고 봐야 한다
하나씩 안고 살아야 하는 운명을 타고났다
강가 떡갈나무도 가지고 있는 것이다
속 훤히 비치는 마음 나만 모르는 것이다
보내달라고 해도 끝내 놓지 못한다

마음을 사용하다

한 달째 어깨가 아프다
병원 물리치료 받아도 쉽게 낫지 않는다
많던 근육들 나이 들어 안 쓰니
힘쓸 줄 모른다
살다 보면 마음도 마찬가지다
마음 쓰기 아끼지 마라
좋은 일이든 궂은일이든 자주 사용하라
마음 근육도 많이 써야 더 커진다
사랑하고 사랑하는 것이 최고의 운동이라
누가 내 마음 밭 어질러 놓아도
부지런히 치우면 그만이다

벚꽃엔딩

꽃그늘 아래 서성대며
지난봄의 아름다운 일들을 생각했다

돌아온다는 말
화안하게 심어놓고
가버린 사람

기다리다 터져버린 꽃 울음에
봄이 하얗게 멍이 든다

지난봄 흩뿌려진 마음일랑
돌아보지 마라

가야 할 때는
사람이든 꽃이든 이름마저 떨구고
제 길 가야 하는 것

울음 잦아들면

상처에도 꽃이 피고
다시 누군가의 가슴에
안길 수도 있겠지

처음 사랑할 때처럼
눈부신 꽃잎으로 살아오리니

당신을 기다립니다

딱 한 사람이라는데
꼭 그 사람이라는데

가슴에 그대 품을 한 자리 비워두고
날마다 가난하게 기다립니다

당신에게 허기진 시간
서로에게 애타던 시간

모두 엮어서
내게 오는 길 이을 수 있다면

수천만 번 먼 길 돌아오는 게
무슨 대수이겠습니까

멀리 가도 그대 거기 있을 테고
멀리 와도 나 여기서 가만있을 테니

아주 오래된 얼굴로 더디 보더라도 행복하겠습니다

사랑은 여전히 사랑으로
사람은 끝끝내 인연으로

남아 있을 거란 기도 소리
감히 믿어보았습니다

꽃과 돈

가느다란 눈가 주름 같은 골목 앞에서
아내 위해 꽃을 산다
별 빛나는 밤과 곱게 물든 노을 섞어
아무에게도 발설하지 않은 뜨거운 문장 한 다발 만들면
한 번도 버림받은 적 없는 꽃 되리라
함께할 때나
혼자일 때도 빛났던 영혼 돌려주러
꽃 선물하면
아내는 웃으며 돈으로 달라고 한다
돈이 더 좋단다
말문이 막히지만
그래도 당신 덕분에 내가 더 환하다

제3부

가을 저녁의 시(詩)

가는 사람과 남은 사람 사이에 가을이 와요

파란 하늘 투명한 유리창에 날아드는 돌멩이처럼 가을이 나를 흩트려 놓습니다만

꽃잎 다 떨어진 어머니
기일 박혀 있는 시월은 순해지려 합니다

가을 저녁 내가 남아서
어머니 당신 이름으로 된 별 하나 가질 수 있는 것도 목이 메는 눈빛 하나 추수 밭에 남겨 두셨기 때문입니다

가을 속으로 오는 사람 아름답지만
가는 사람 더 자비롭다고 생각했습니다

어떤 하루

차라리 잊어도 좋을 하루도 있는 것이다
그림자 식어가는 저녁
속 훤히 들여다보이는 철길에는
일광행 기차 아직 들어서지 않고
눈시울 붉은 노을만 칸나처럼 피어오르는데
울고 싶은 사람들도
하나둘 모여 꽃필 차례 기다리며 서 있다
하루를 산다는 것은
하루만큼 저물어 가는 것이라
스스로 깊어가는 노을 보며
쓸쓸히 뭉클 피었다가
뿌리까지 탈탈 털고 집으로 돌아가는 것인데
가끔 사는 일이 서럽기도 하였다

상처도 꽃이 된다

너무 멀리 왔다는 말과
그간 고마웠다는 말 남기고
새벽 첫차가 출발하면
누군가는 집으로 돌아가겠지
아무도 헤어진다는 말은 하지 않았다
상처도 세월 가면 꽃 된다는 말
너무 쉽게 하지 마라
사랑한다는 말과
사랑받고 싶다는 말
다른 말이면서 똑같은 말이듯
조급할수록 차마 아무것도 버리지 못해
아물지 않는 상처 하나쯤
남겨둔다면 우린 언제까지나
끝이 아니니

하루만 산다면

지상에 내려와 하루만큼만 살다가
어둑어둑 한밤중에 떠나야 한다면
그리하여 미치도록 오늘 가득 피어야 한다면

나는 결코 연약한 종족의 여린 피는 마시지 않으리
이왕이면 뜨거운 불 뿜어내는 하루 1,440분 치
심장 달고 설레는 새벽 깨우리라
일어나 제일 먼저 살아 있음에 감사기도 바치리라

시간 없다고 조급해하지 않고 영원한 듯
화초에 물도 주고 꽃씨도 받아
잠든 아이 머리맡에 향기로 심어 놓으리라

그런 다음 이름만 불러도 힘이 되는 아내 위해
따뜻한 밥을 지어 올리리
그동안 그대에게 준 사랑이 너무 부족해서 미안했고
끝까지 머물러 주어 감사하다 고맙다 행복하다고
고백하리라

바람이 순해지는 오후에는
고요한 내 영혼 위해 침묵으로 숲길을 걸어보며
살면서 지었던 죄부터 미처 용서하지 못한 것들까지
참회의 눈물 흘리며 원망 버리고 평화만 갖으리라
슬플 때나 아플 때나 절망하지 않고 살아온 스스로에게도
활짝 웃어 주리라

24시간 86,400초가 찢어지도록 붉게 솟아올라
 주고 싶은 거, 하고 싶은 일, 보고 싶은 사람 남기지 않기 위해
 보낸 후에 되돌아보는 어리석은 사람이 되지 않기 위해
 지혜로운 사람으로 한 번쯤 살아보리라

어둠에 숨지 않는 별들을 모아
 따뜻한 저녁 불 지피고 멀리 나간 친구들을 불러
 붉은 포도주 흥겹게 나누리라

그리움마저 버리고 갈 시간 되면
마지막 시간 조금 아껴서
세상에 잠시나마 살다 가게 해주신 하느님 축복에
가장 가난한 기도 올리리라

그리고 이 세상에 올 때처럼 둥글게 몸을 말아서
어머니, 아버지 나지막이 불러내
물려받은 사랑 후회 없이 다 써버렸다고
말씀드린 다음
꿈꾸듯 소멸하면 좋으리라

그림자

남의 입 통해 들을 수 있겠지만
난 동네 마트에서 쉽게 살 수 없고
저어기 목포 종합수산시장 정도 가야 구경할 수 있는
빨판 힘 엄청난 낙지 같은 당신 바라기라고나 할까
당신 만나고선 뜨거운 햇살 맞서며
한 번도 잡은 손 놓지 않았지
당신은 뒤돌아 날 기다린 적 없겠지만
당신 뒤에서 숨죽여 기다리곤 했었지
가끔 앞서서 걷기도 했지만 그건 말이야
당신에게도 의지할 누군가 있다는 걸 알려주려 그랬지
당신 흔들리면 길들어진 몸 최대한 키워 품어주었고
갈 곳 잃은 밤이나 비 내칠 때도 사라지지 않았지
나, 당신의 영원한 덤이잖아

꼭 그만큼

백두옹(白頭翁)이 실없이 물었나
내가 답했나
늙으니 뭐가 좋디

용서가 쉬워져
상처받으면 미워하는 일 쉬웠는데
지금은 용서로써
아프게 아프게 뉘우치지

사랑이 쉬워져
노안 찾아오면 눈앞의 내 것
잘 보이지 않고
저 멀리 함께 가야 할 길
먼저 보여 좋아

포기가 쉬워져
귀때기 새파랄 때는
포기하면 모든 게 끝장인 줄 알았지

포기는 실패가 아니라
새로운 길 찾는 거지

축나는 게 있으면
꼭 그만큼 오는 것이 있더라

뜨거웠던 복날 지나면
처서(處署) 와 있듯이

언제나 처음처럼

함께 밥 먹고 사랑하다 뚝 헤어지면
허기져서 쉽게 부서질 텐데
바짓가랑이라도 붙잡아야 했을까
바다가 멀지 않다는 운촌역에 내려
가슴까지 미처 스며들지 못한 슬픔
해풍에 말리며 동백섬까지 쓸려간다
사람과 사람의 온도 차만큼 나는 울었던가
잔물결 모으고 모아
막막한 바다 건너는 파도 소리에
뒤척이다 뜨겁게 피었던 동백
상처 없는 얼굴로 떨어지고 있다
펄펄 끓어오르면 식어가는 시간도 필요할 테지
깜깜한 밤이라도 바다 끝내 푸르고
꽃 필 때나 꽃 질 때나 동백 여전히 붉듯
언제나 처음처럼 사랑하고 처음처럼 이별한다
너무 오래 남겨둔 운촌역으로 다시 내려와
마음 텅텅 비우고 오는 31번 버스 기다린다

추분(秋分)

당신 만난 시간만큼
당신 잃은 시간도 흘러간다

사랑과 이별의 길이가 딱, 같아지는 추분 날

추억을 따서 말리고
사랑걷이 일을 시작하면
당신은 내일부터 더 많이 잊힐 텐데

그런 줄도 모르고
당신은 아, 해가 짧아졌네
내 그리움이 줄어진 줄도 모르고
아, 불쌍한 당신
아리송한 밤만 길어질 것이다

누구나 살아나는 자리

바닥으로 떨어졌다고 울지 마라

네가 더 깊은 밑바닥이 되어라

반듯한지

단단한지

오랫동안 주저앉아 제대로 바탕이 되어라

바닥 잘 지어야

고대광실 되는 것이다

잊지 마라

일어설 자리에 **뼈대** 세우는 것이라

희망도 바닥에서만 자라는 것이다

네가 제일 낮은 밑바닥이 되어라

뻔한 거짓말

지리산 천왕봉 올라가다가
기진맥진 그냥 내려갈까
더는 죽어도 못 갈 것 같을 때
하산하는 사람들 한마디씩 거든다
거의 다 왔어요
얼마 안 남았어요
뻔한 거짓말인 걸 아는데도
거짓말처럼 힘이 난다
살면서 숨이 턱까지 막힐 때
누군가 옆에서
조금만 참으면 돼
이제 다 왔어
그렇게 말해 주면 다시 일어설 수 있었다
어쩌면 지금까지 살아오면서도
희망은 아주 단순했는지 모른다
조금만 더 힘내면
조금씩 더 단단해졌던 것은 아닐까

플랜 B

출가하고도 끝내
득도하지 못한 노승도
버려진 바람 한 줄기에
부처 되는 필부도 몰랐을 것이다
오늘을 살아보았다고
내일을 다 알 수 없듯이
생각대로만 살 수 없는 일
뜻대로 되지 않을 때
이 정도면 괜찮다고 받아들이는 게
플랜 B다
희망도 원래 플랜 B였던 것이다
처음부터 쓸모 인정받지 못한 것들이었으니
희망은 애당초 거창하지 않았다
꺼지려는 불씨
마침내 살리는 것뿐이다

슬픔의 총량

텅텅 빈 겨울 아침 끝에
혼자 서 있는 노파를 보았다

버스 종점쯤이었나
종이상자를 힘겹게 끌고 있었다

막다른 몸짓으로 밀고 가는 오르막은
보는 것만으로도 숨이 찼는데
노인이 가진 단단한 슬픔은
그 무엇도 밀어내지 못했다

어쩌면 우린 태어날 때부터
불치의 슬픔 하나씩 품고 살다가
지상에서 뿌리째 뽑힐 때야
슬픔 다독여 보낼 수 있지 않을까

슬픔의 총량은 다 같아서
더 무거운 슬픔 끌고 온 사람은

더 가볍게 천국 오를 수 있을 것이다

세상 바다 온몸으로 쓸며
뜨거운 발걸음 이어 오느라
충분히 외로웠을 당신

길 위 불안한 몸짓 버거울수록
남은 길은 조금씩 조금씩
순해질 것이다

쉬운 사람

목을 빼고 서성이는 가을에는
곧은 사람이나 강직한 사람보다는
이왕이면 만만한 사람이고 싶다
깊어진 사랑 죄다 풀어놓고
간다고 울면 쉽게 잊어주는
배알도 없는 쉬운 사내가 되고 싶다
아무에게나 쉽게 물드는 사람 되어
마침내 내 마음 내가 가져본 적 없는
너무나 헤픈 사내가 되고 싶다
모르는 누구라도 함부로 나를 품게 하여
한 천 년 동안은
외롭지 않을 사내가 되고 싶다
가을 아무리 붉어도
지독하게 가벼운 사내로 돌아오면 될 일
어쩌자고 그립기만 할 것인가

스팸 문자

어디까지 끊어 간직할지 모를
순간들 속에 살다 보면
외로워서 그리운 건지
그리워서 외로운 건지
마음의 평화 잃은 도시의 불빛처럼 헷갈렸다
그래도 아무도 찾아오지 않는 날이면
스팸 문자 한 통에도 감사했다
얼굴도 모르는 누군가에게
나 같은 사람도 절실했구나, 하고
믿으면 힘이 났다
나도 막연한 누군가에게 그냥
조금만 힘내라는 문자
날려 주고 싶은 날이 있다

보이저호(號)

죽는다는 것은 지구와 교신이 끊긴 채
은하계를 떠도는 보이저호와 같겠다
전원공급이 중단되더라도 외롭고 먼 길 가는 것이다
지구에서 그간 알고 지냈던
그리운 사람들과 연락은 끊겨도
아득한 곳에서부터 아득한 곳으로
지구 밖 또 다른 세상을 찾아간다
소멸한다는 것은 끝끝내 끝이 아니어서
서러운 운명은 잊히는 것마저 두려워하지 않는다
기차가 가고 꽃은 피고 달이 뜰 때도
서둘지 않고 도도하게 탐험 떠나는 보이저호 같겠다
그저 사랑하다 남겨질 행성에게 굿바이 할 수 있기를

제4부

시련이 힘이다

바람 세찰수록
새들은 날갯짓 멈출 수 없고
나무들은 더 많이 흔들리며
바다는 풍랑에 부서지고 깨어진다

바람 마주한 새들은 더 높이 날아
대륙을 횡단하고
떨어진 나무 열매는 울창한 숲 이루며
바다 결코 푸른빛 잃지 않는다

맞설 수 있는 것들은
그래서 더 아름답다

살아 있는 것만이
제대로 흔들리는 것이다

2월 진화론

경제학 측면에서
28일은 조금 모자란 듯해도
1월에 먹은 마음으로
2월을 사는 것이니 상관없다
더욱이 많이 가진 자들은 희망에 더디고
가난한 자들은 약한 만큼
더 빨리 진화하는 것인데
진화는 강한 것들 피하는 게 아니라
절망을 피하는 것이다
2월의 빈자리에 그 무엇을 넣어도
넘치지 않는 까닭이기도 하다
2월은 아무것도 망설이지 않는다

비보호 좌회전

가야 할지 말아야 할지 모르겠어
눈치껏 떠나가란 말은 좀 그렇지
아무리 그래도 당신에게 얘기는 하고 떠나야지
떠나도 좋다는 말
기다리는 건 아니야
그저 그대 마음 식을 때를 기다리는 거지
서둘러 과감해질 필요는 없지 않을까
마음 바뀌는 일이 예고 없이 온다는 것쯤
어른들은 다 알고 있잖아
사랑하다 아프면 책임질 순 없지만
그래도 마지막엔 서로의 마음 살펴줘야지
우리 사랑이 꺾이는 순간이잖아

영도다리가 되고 싶었다

엄마는 섬 같은 여자였다

어쩜 여자가 섬 같은 사람일지 모르겠다

어릴 적 함께 간 영도다리에서

엄마는 우두커니 집에 갈 생각이 없어 보였다

자갈치며 송도며 부산히 떠다니는 작은 배에 치여

바다는 구석구석 멍들어 가고

하루해 끌고 가는 노을은 타들어 가는데

떠밀려 가지 않으려고 버티는 섬 같았다

사랑하기보다는 덜 미워하기 위해

자신을 바치는 외로운 기도 같기도 했다

그날 나는 튼튼한 영도다리가 되고 싶었다

온몸으로 우는 섬

꽉 잡아주는 힘센 다리가 되고 싶었다

뭐가 그리 대수냐

가을날 은행나무는 샛노랗게
멸망하고 있다
대개 사람처럼 나무도
나이 들면 속이 썩어지는데
은행나무는 겉부터 노랗게 문드러지고 있다
뭐가 그리 대수냐
살다 보면 지금 일은 아무것도 아니라는 걸
은행나무는 아는 듯하다
그래서 11월의 가을날
땅바닥에 엎드려 환히 불 밝히고
법문을 듣고 있나 보다
동네 어귀 은행나무길 서성이다 보면
어둑한 마음 깨어난다

불의 꽃

어떡하면 좋은가

나는 비록 꽃 아니지만

그대에게 온몸 던지는 불의 꽃이고 싶다

가장 높은 곳에서 피었다가

당신 발끝에서 잊히더라도

내 꿈속을 털어

몇 송이 꽃으로 문득 사라지더라도

평생 단 한 번

눈부신 눈빛이고 싶다

나물 털털이를 먹다가

나물 털털이 한입에
몸속 깊이 봄 하나 눈을 뜬다

늙어서는 제 속보다는
남 속이나 채우는 털털이가 되고 싶다

나물 털털이는 쪘을 때
털털 떨어져야 먹기 좋다

봄나물이 서로 붙어 있을 정도면
딱이다

돈이든 지위든
너무 찐득하게 매달리지 않고

참으로 아무것도 아닌 채로
미련 없이 떨어져야 보기 좋다

그러다 속없이 가벼워져서
내 마음이 지어낸 것까지

털털 털어낼 수 있다면
매일매일 좋은 날이겠다

제자리걸음

동래시장에서 막걸리 마시다 화장실 가는
불알친구 뒷모습이 꾸부정하다
슬픈 기억이라도 버리러 가나 보다
보내고 나면 그때가 제일 그리운데
꽃다운 청춘 보내면서도 우린 슬프지 않으려 했다
빨리 어른 되어 자리 잡으면
행복이 찾아오리라 생각해서 억울해하진 않았다
그러나 꿈이 너무 가난해선지
책임지지 못할 행복은 늘 먼 곳에 두어야 했고
문득 돌아보면 보살필 자식들과 거친 생계만 남아 있다
우린 평생 기다림의 종이었다
행복해지기 위해 지금 좀 불행하기로 했지만
제자리걸음 같은 핑곗거리만
수북하게 쌓여갔다
코로나 긴급재난지원금 이야기가 시들해지자
친절한 낯선 여자는 조심해야 한다며
친구가 모처럼 활짝 웃었다

섬

철새들 오고 가는 것 지켜보며 늙었다
까마득한 육지 불빛은 제 생각에만 골똘하고
늘 떠났다 돌아오는 자식은 철새보다 가벼워서
늙은 부모는 기다리는 일에 익숙해졌다
가끔은 밧줄에 묶인 채 정박해 있는 낡은 배 같기도 했고
울음 버리지 못하는 파도 같기도 했다
총총히 물 위에 떠 있는 밤별처럼
평생 가질 수 없는 것들만 자꾸 늘어났다

황혼의 로맨스

독거의 하루 보내는데
몇 단어 필요치 않다

문장을 나눌 사람이 없어
공원 벤치에서 수작을 떤다

몸 섞자는 것도 아니니
낡은 연애도 좋겠다

지나고 나면
늘 허술하고 빈약한 것이
사랑인 줄 모를 리 없건만

설렌다는 말
같이 있고 싶다는 말에
늙어도 솟아나는 연애의 힘

이제 와 하지 못할 사랑도 없다

늦더라도 꽃 피고
늙어서도 얼굴 붉으면 아름다운데
탱탱해야만 사랑하랴

오늘만 살아서 가련하고
오늘이 가버려 외로운 황혼이다

동백 꽃말

제 몸 열어
가진 것 다 내어주고
빈 몸 되어
길 위에 누워 있는 동백

눈시울 붉던
어느 한 생애처럼
온몸으로 지난 시간 껴안고
한 획 두 획
길 위에다 마지막 편지 쓴다

작은 불씨 하나 품고
남쪽 지심도 건너가는 저 붉은 꽃
지는 모습이
더 아름다워라

등 맞대고 한통속으로 피었다가
끝내 시들어도

그대 곧 그리울 거라

가슴에 한번 들어앉은 사랑
좀처럼 떠나지 않아라

그랬으면 좋겠다

내가 너에게 주는 사랑은
공기보다 가벼웠으면 좋겠다

받아도 부담 없을 정도로 가벼워
준 사람 금방 잊어버려도 좋겠다

내가 너에게 주는 사랑은
너무 가엽지 않아서 쉽게 버려져도 좋겠다

상처는 무거울 때 생기는 것이니
내 사랑은 깃털보다 가벼워지면 좋겠다

아프지 않게 그리워져서
너에게 추억 하나 남기지 못해도 좋겠다

그러다 기억날 듯 말 듯
언젠가 본 사람으로 다시 만날 수 있으면 더 좋겠다

여름 꽃밭

여름에 가장 많은 종류의 꽃이 핀다고 한다
뜨거운 축제 끝나면 또다시 점잖아져야 하니까
서둘러 모두의 꽃 되는 건 아닐까
그러니 광안리 파도 소리마저도 파도가 피운 꽃이리라
푸른빛에서 밀려나더라도
사랑했으니 고맙다는 인사 정도는 건네야 하니까
흔적처럼 피는 꽃이다
내 마음속에 당신 피어나게
자리 한 칸 비워두는 일이 사랑이라면
나는 당신 만발한 꽃밭이 되고 싶다

해몽

축하합니다
당신은 당신의 꿈에 당첨되셨습니다
1월 왔으니 꾸어볼까요
조심하세요
종려나무 끝에서 잃어버린 새처럼
아침이면 손가락 사이로 사라질 수도 있어요
살아 있어도 꿈은 우주에서 제일 고독한 것이라
열두 달 내려다보면 늘 까마득한 절벽이에요
그래도 꿈은 가장 오래된 희망의 춤
꿈틀꿈틀 지치지 않게 추다 보면
자꾸만 자꾸만 내 이름 부르며
먼 길 걸어 내려올 거예요

사랑한다는 것

작년 꽃 기억하는 나무에
새 봄꽃이 찾아와 더불어 사는 것처럼
나에게서 떠났던 사람들과
나에게로 떠나온 사람들이 함께 사는 봄날이다
사랑은 가도 사람은 남는 법
피지 말아야 할 꽃도
언젠가 꼭 헤어져야 할 운명도 애초에 없는 것이다
꽃잎 다 떨어져도
이름 잊히지 않으면
가슴속에 다시 모여 사는 것
끝도 없이 달아오르는 봄 같더라

입

믿었던 사람이 없는 말로
내 뒤통수를 쳤다
근거 없는 마음 겪어내는
파국의 시간이 더 깊었던 탓이었을까
한동안 억울해 밤잠을 잘 수 없었다
어머니 화장터에 모신 뒤
배고파 점심밥을 먹었다
슬픔은 장엄했으나 아픔은 오래 가지 못한 것인지
그깟 몇 끼도 참지 못하는 내가 부끄러웠다
입을 열 때와 닫을 때를 아는 것만으로도
사람을 무는 입이 될지
도(道)를 묻는 입이 될지
그 깊은 곳에 사는 부처를
가질 수 있으면 좋겠다

해설

가난한 기다림의 시학

우대식(시인)

정성환의 시집 『남천2동 주민자치센터 앞』을 단숨에 읽었다. 왜 소소한 일상이 아름다운지 혹은 그것들이 아니면 이 세계의 어떠한 서사도 없는 것인지를 속으로 짐작하며 읽어 내려갔다. 오랫동안 시를 쓰면서 갖게 된 날 선 마음과 알게 모르게 염세적 세계로 물든 마음을 잠시 털어내는 시간이기도 했다. 대교약졸(大巧若拙)이라는 말을 거듭 생각하면서 살아온 터이지만 늘 생각만으로 그치고 말았던 사정을 이 시집을 보며 다시 곱씹어 보게 되었다. "날마다 가난하게 기다립니다"(「당신을 기다립니다」)라는 그의 시구는 수사학적 진술이 아니라 시를 향한 진심을 담고 있다. 가난하다와 기다린다는 상이한 용언의 결합이야말로 이 시집의 핵이라 할 수 있다. 가난한 기다림을 통해 스스로가 체득한 범박한 일상의 아름다움이 시집 전체를 채우고 있다 할 것이다.

　　떨리는 겨울바람마저도
　　따뜻한 입김 되어 언 손 녹여주듯

　　아무리 차가운 것도
　　사람의 몸속 들어갔다 나오면
　　다 따뜻해진다

　　하물며 사람의 맘속
　　들어갔다 나왔다면 얼마나 더 뜨거워지겠는가

　　이미 용서했다는 말
　　벌써 잊었다는 말

　　아프게 아프게
　　심장에서 데워진 말들은 오래 뜨겁다

　　매일 용서한다는 말
　　매일 잊는다는 말

밖에서 꽁꽁 얼지 않도록
밖에서 서성이지 않게 꼭 안아주라고
따뜻한 것이다
     ―「사람이 따뜻한 이유」 전문

 이 한 편의 시 속에는 이 시집 전체의 속성을 규정할 만한 가치가 있다. 그것은 바로 사람은 따뜻하다는 것이다. 특별히 더 재미난 관찰은 사람을 "몸속"과 "맘속"으로 나눈다는 것이다. 기왕의 육체와 정신이라는 이원론과는 다른 층위의 정서적 체감으로 다가오는 이 시구 속에는 사람의 본질을 나누고 구분하기보다는 일원(一元)상으로 제시하려는 욕망이 내재해 있다. "몸속"과 "맘속"의 등가성은 약간의 차이가 있음에도 불구하고 따뜻하고 뜨겁다는 속성을 공유한다는 것이다. "심장에서 데워진 말들"이란 사람이 사람으로 만났을 때 겪게 되는 진정한 관계성에서 비롯되는 것이다. 이러한 시적 인식은 이 세계는 살 만한 곳이냐는 물음에서 출발하고 있다고 볼 수 있다. 비록 시는 범박한 일상에서 출발했지만 시적 화자가 추구하고자 하는 세계가 그리 만만한 것만은 아니다. 가령 "매일 용서한다는 말/매일 잊는다는 말"은 심장으로 데워야 하는 말이기 때문이다. "용서"라는 말은 대타적 관계성에서 비롯된 말로 듣고 나면 고개를 주억거리게 하지만 "잊는다는" 말에 와서는 자세를 고쳐 다시 읽게 된다. "밖에서 꽁꽁 얼지 않도록/밖에서 서성이지 않게 꼭 안아주"어야 하는 말이 "매일 잊는다는 말"이라는 사실은 시적 화자의 관심이 초월적 세계에 그 끈이 닿아 있다는 것을 의미한다. 잊는다는 말에 생기와 온기를 불어넣어 소중한 가치로 받는다는 사실은 일상을 살면서도 정진하는 수도사의 면모를 보여준다. 어쩌면 잊고 싶다는 욕망은 욕된 세계를 건너온 자가 지닌 지혜의 형상이기도 하다. 그것은 또한 자신의 경험이나 앎을 토대로 한 시비(是非)의 마음을 넘어서고자 하는 욕망에 잇닿아 있다.

> 가느다란 눈가 주름 같은 골목 앞에서
> 아내 위해 꽃을 산다
> 별 빛나는 밤과 곱게 물든 노을 섞어
> 아무에게도 발설하지 않은 뜨거운 문장 한 다발 만들면
> 한 번도 버림받은 적 없는 꽃 되리라
> 함께할 때나
> 혼자일 때도 빛났던 영혼 돌려주러
> 꽃 선물하면
> 아내는 웃으며 돈으로 달라고 한다
> 돈이 더 좋단다
> 말문이 막히지만
> 그래도 당신 덕분에 내가 더 환하다
>
> ―「꽃과 돈」 전문

앞에 말한 바처럼 시시비비란 개인적 경험의 총화를 바탕으로 한 하나의 잣대일 터이다. 이러한 잣대가 보편성에 도달하지 못할 때 아집이 되기도 하며 오히려 소통 불능의 상태에 도달하기도 할 터이다. 꽃을 선물하는 남편과 그것을 받는 아내의 정경이 그려진 이 시는 두 개의 극적인 장면을 연출한다. 꽃을 선물하는 남편에게 돈으로 달라고 하는 장면이 그 하나이며, 어이없음에도 불구하고 아내 때문에 환해졌다는 장면이 다른 하나이다. 꽃보다 돈이 더 좋다는 아내의 행위에서는 자본주의를 살아가는 소시민의 소박한 욕망이 쓴웃음을 짓게 한다. 그러나 "그래도 당신 덕분에 내가 더 환하다"는 시적 진술은 그 모든 사소한 사건을 일거에 역전시킨다. 「사람이 따뜻한 이유」에서 "잊는다는 말"이란 이러한 사소한 시비를 넘어섰을 때 새로운 인식이 가능하다는 내포적 의미를 품고 있다. 범박한 일상을 따뜻한 존재의 관계성으로 환치시키는 일도 누구나 할 수 있는 일이 아니며, 끝없는 성찰이 바탕이 될 때 가능한 일이다. 「꼭 그만큼」이라는 시에서 늙어 가면서 "용서가 쉬워져", "사랑이 쉬워져", "포기가 쉬워져"라고 읊조리는 부분은 대교약졸의 지경을 유감없이 보여주는 것이다.

목을 빼고 서성이는 가을에는
곧은 사람이나 강직한 사람보다는

> 이왕이면 만만한 사람이고 싶다
>
> 깊어진 사랑 죄다 풀어놓고
>
> 간다고 울면 쉽게 잊어주는
>
> 배알도 없는 쉬운 사내가 되고 싶다
>
> 아무에게나 쉽게 물드는 사람 되어
>
> 마침내 내 마음 내가 가져본 적 없는
>
> 너무나 헤픈 사내가 되고 싶다
>
> 모르는 누구라도 함부로 나를 품게 하여
>
> 한 천 년 동안은
>
> 외롭지 않을 사내가 되고 싶다
>
> 가을 아무리 붉어도
>
> 지독하게 가벼운 사내로 돌아오면 될 일
>
> 어쩌자고 그립기만 할 것인가
>
> ―「쉬운 사람」 전문

"이왕이면 만만한 사람이고 싶다"는 고백도 자신을 돌아보면서 살아온 자의 육성을 담고 있다. 기왕의 의미 있는 가치로 여겨지는 "곧은 사람이나 강직한 사람"보다 만만한 사람이고 싶다는 지향은 삶의 근본을 되돌아보게 한다. "깊어진 사랑 죄다 풀어놓고/간다고 울면 쉽게 잊어주는/배알도 없는 쉬운 사내가 되고 싶다/아무에게나 쉽게 물드는 사람 되어" 살겠다는 의지도 "심장에서 데워진 말"(「사람이 따뜻한 이유」)이라 할 수 있다. 겸손과 간명을 지향하는 태도를 언뜻 쉽게 생각할 수도 있겠지만 "모르는 누구라도 함부로 나를 품게 하"겠다는 의지의 표명에 이르면 그리 간단한 것만은 아니다. 그것은 "천 년 동안"이라는 영원을 지향하고 있기 때문이다. 시편들이 어떤 종교적 연원이 있을 것 같은 느낌을 제공해주는 이유도 근원적인 것에 대한 지향이 시 곳곳에서 보이기 때문이다. 어눌한 듯 보이지만 반본환원(返本還源)의 무아경을 통해 진정한 삶의 의미를 탐색하고 있다. 이러한 여정 속에서 시적 화자는 봄이 오기 전 할 일을 "나 자신 하나도 남김없이 모두 소모하는 일"(「봄」)이라고 고백하는 것이다.

> 사람 마음처럼 나무도 걸어서 천릿길 갑니다
> 서귀포 표선면 녹산로 눈부신 벚나무도
> 춘삼월에 닷새를 걸어
> 부산 남천2동 주민자치센터 앞까지 오는 걸 봅니다
> 봄은 짧아도 인연은 길어
> 비워도 비워도
> 버릴 수 없는 꽃 같은 사람이 있습니다
> 서둘러 피었다가 쉽게 가버리더라도
> 나무가 품고 있는 꽃이
> 그대 다시 불러오니
> 불 꺼진 마음에 모처럼 불을 켭니다

나무에서 나무까지

제주에서 물고 온 별들 걸어두면

사람에게 버림받은 사람들이 모여

다 지나갈 거라고

흐드러진 향기로 상처를 씻습니다

—「남천2동 주민자치센터 앞」 전문

    서귀포 벚꽃이 "춘삼월에 닷새를 걸어/부산 남천2동 주민자치센터"에 도착하는 과정을 시적 화자는 사람살이의 알레고리로 보여준다. 생명붙이의 기본원리로서 회자정리(會者定離)의 이치를 봄날 꽃을 보면서 생각하는 것이다. "봄은 짧아도 인연은 길"다는 시적 진술은 시적 화자가 끝내 애정을 가지고 바라보는 대상이 사람살이라는 것을 분명히 하고 있다. "비워도 비워도/버릴 수 없는 꽃 같은 사람"이란 결국 영원히 비워낼 수 없음을 뜻하는 것이고 모든 사유의 바탕이 되는 것이다. 이 시집은 결국 비울 수 없는 사람에 대한 추적의 보고서라 할 수 있다. "꽃"의 진정한 의미도 "그대 다시 불러오"는 데 있다는 사실이 그 반증이라 할 수 있다. 꽃이란 대개 가장 순수하고 깨끗한 이 세계의 정화(精華)를 상징한다는 점에서 꽃이 사람으로 환치되는 장면은 시적 화자의 중심된 가치로서 사람의 의미를 되새기게 한다. 꽃이 "제주에서 물고 온 별들"로 형상화되었다가 다시 "사람에게 버림받은 사람들"로 변

형되는 과정에서 사람살이에 대한 연민을 떠올리게 된다. 결국 꽃의 향기로 상처를 치유한다는 발상 속에는 사람살이에서 빚어진 상처를 치유하는 원혼적(冤魂的) 제의의 성격을 담고 있는 것이다.

낮과 밤은 내가 미쳐서 생기는 것이라더군

당신 쪽 향하고 있을 때 비로소 낮 되고

당신 반대편에 있을 때 깜깜한 밤 되는 것이라는데

자꾸만 자꾸만 당신 환하게 떠올랐다는 것은

하늘 가리는 어둠 깊어도 그대 향해 뒤척이며

밤새 자전하고 있었다는 것

그리움 멈추지 않았다는 것

내가 당신에게 미쳐서

밤낮으로 돌고 돌았던 것이라더군

―「자전」 전문

 이 시집의 서시(序詩) 역할을 하는 「자전」은 당신에 대한 나의 태도를 극명하게 보여준다. 우리가 사는 지구는 서쪽에서 동쪽으로 매일 한 바퀴씩 돈다는 사실에서 발상된 이 시는 자연적 원리를 나와 당신의 문제로 치환하여 형상화하고 있다. 태양이나 달 다른 별들도 자전을 하지만 지구처럼 빠르지는 않다. 이러한 자연현상에 빗대어 지구의 자전이란 스스로가 미쳐서 생긴 현상이라고 시인은 규정하고 있다. 밤새 당신에 대한 그리움은 멈추지 않고 그것이 당신을 향한 운동으로 전이된 결과가 자전이라는 다소 동화적 상상력 속에는 사람에 대한 무한한 사랑과 영원히 만날 수 없다는 비극성이 동시에 내포되어 있다. 이 비극성이 그리움의 원천이라는 사실은 시적 화자로 하여금 스스로 미쳤다고 규정하는 이유가 된다. 지구의 자전을 "내가 당신에게 미쳐서//밤낮으로 돌고 돌았던 것"이라는 진술 속에는 영원이라는 시간의 의미를 담고 있다. 당신에 대한 나의 그리움은 영원할 것이며 자전도 멈추지 않을 것이다. 당신이라는 존재에 미친 한 존재의 영원한 노래가 자전이라는 사실과 상통한다. 이 미친 당신에 대한 그리움의 노래는 시 곳곳에서 확인할 수 있다. 이 시집을 해석하는 한 코드는 이 보편적 그리움이 개별자들을 통해 어떻게 드러나는가를 찾아가는 것이라 할 수 있다. 당신이라는 존재가 "자꾸만 자꾸만" 환하게 떠올라 있기 때문이다.

　　엄마는 섬 같은 여자였다

　　어쩜 여자가 섬 같은 사람일지 모르겠다

　　어릴 적 함께 간 영도다리에서

　　엄마는 우두커니 집에 갈 생각이 없어 보였다

　　자갈치며 송도며 부산히 떠다니는 작은 배에 치여

　　바다는 구석구석 멍들어 가고

　　하루해 끌고 가는 노을은 타들어 가는데

　　떠밀려 가지 않으려고 버티는 섬 같았다

　　사랑하기보다는 덜 미워하기 위해

　　자신을 바치는 외로운 기도 같기도 했다

그날 나는 튼튼한 영도다리가 되고 싶었다

온몸으로 우는 섬

꽉 잡아주는 힘센 다리가 되고 싶었다
     —「영도다리가 되고 싶었다」 전문

 이 시집에서 사람은 대개 보편자의 형상을 하고 드러나는데 인용 시에서는 엄마라는 특별한 대상에서 시적 발상을 촉발하고 있다. 어린 시절 엄마와 함께 간 영도다리에서 느꼈던 내적 심리는 자신도 정확히 알 수는 없지만 엄마가 "섬" 같다는 인상이다. "엄마는 우두커니 집에 갈 생각이 없어 보였다"는 시적 진술은 인고의 세월을 견디는 한 실존의 전형적인 모습을 담고 있다. 가난한 시간을 살았던 엄마라는 존재는 스스로 존재의 개별성을 무화시킴으로써 자식들을 가르치고 먹였던 것이다. 스스로 버렸던 존재성을 다시 회복하는 잠시의 순간이 어린 시적 화자에게는 아마도 집에 돌아갈 생각이 없는 실존적 인물로 비추어졌던 것일 터이다. 그러한 엄마의 형상이 현실과 겹쳐질 때 "떠밀려 가지 않으려고 버티는 섬"으로 시적 화자에게는 각인되었던 것이다. 시인이 표현하지는 않았지만 이 시 속에는 수많은 서사가 펼쳐져 있다. "사랑하기보다는 덜 미워하기 위해//자신을 바치는 외로운 기도"라는 진술은 엄마의 삶을 극단적으로 압축해서 보여준다. 신산한 삶 속에서 펼쳐진 인간의 관계성 속에 "사랑"이라는 말은 도무지 비현실적으로 비추어지기 때문이다. 자신을 헌신해야만 가족의 삶이 온전해지는 모순은 "자신을 바치는 외로운 기도"에 가까운 것이다. 어린 시적 화자의 결심은 엄마의 외로운 기도에 대한 응답이 된다. "그날 나는 튼튼한 영도다리가 되고 싶었다"는 눈물겨운 결심은 어쩌면 사람에 대한 따듯한 인식을 바탕으로 시를 쓰게 된 동인이 되었을 터이다. "영도다리"는 공간을 넘어 시적 화자의 사고에 특별한 영감을 불러일으키는 장소가 된 것이다. 아마도 정성환의 시에 대한 출발은 여기에서 비롯되었으리라 짐작해본다.

강의실 창문 가득 채운 벚꽃을 본다

봄날 그 어떤 강의도

꽃보다 아름답지도

논리적이지도 못하다

눈물로 핀 그리움이라거나

설레는 맹세라고 가르칠 필요도 없다

그저 너를 사랑해서

내가 찬란했던 것이다

— 「화양연화」 전문

  정성환의 시편들은 간결하면서도 따뜻하다. 더러 만해(卍海)를 떠올리게 하는 단순한 어법 속에 자신만의 명쾌한 진실을 설하고 있다. 찬찬히 읽어보면 포즈로서의 진실이 아니라 오랜 자기성찰에서 비롯된 삶의 더께라고 할 수 있겠다. 그 더께가 상처를 덮고 새살을 틔워 세상을 살 만한 곳으로 만들고 있는 것이다. 그는 묻고 있다. 세상은 여전히 살 만한 곳입니까? 그 답은 이 시집을 읽는 독자들의 몫이 될 것이다.

시인동네 시인선 206

남천2동 주민자치센터 앞
ⓒ 정성환

초판 1쇄 인쇄	2023년 6월 2일
초판 1쇄 발행	2023년 6월 9일
지은이	정성환
펴낸이	김석봉
디자인	헤이존
펴낸곳	문학의전당
출판등록	제448-251002012000043호
주소	충북 단양군 적성면 도곡파랑로 178
전화	043-421-1977
전자우편	sbpoem@naver.com

ISBN 979-11-5896-595-2 03810

*이 책의 판권은 지은이와 문학의전당에 있습니다.
*양측의 서면 동의 없는 무단 전재 및 복제를 금합니다.
*잘못 만들어진 책은 바꿔드립니다.
*이 시집은 2023년 부산광역시, 부산문화재단 '부산문화예술지원사업'의
 지원을 받아 제작되었습니다.